# CATALOGUE

DES

# CERTIFICATS DE NOBLESSE

## DÉLIVRÉS PAR CHÉRIN

### POUR LE SERVICE MILITAIRE

1781 - 1789

PUBLIÉ PAR MM.

**LOUIS DE LA ROQUE ET ÉDOUARD DE BARTHÉLEMY.**

## PARIS

E. DENTU, LIBRAIRE
AU PALAIS-ROYAL

AUGᵗ AUBRY, LIBRAIRE
16, RUE DAUPHINE.

SCHLESINGER FRÈRES, RUE DE SEINE, 12.

1864

# AVERTISSEMENT.

Bernard Chérin, généalogiste et historiographe des ordres du Roi,
mort dans l'exercice de sa charge, le 21 mai 1785, a laissé par ses
lumières et par son intégrité un nom des plus vénérés dans la science
héraldique. Investi de la confiance la plus absolue de Louis XV et de
Louis XVI, il était préposé à la réception des preuves de noblesse
qui donnaient accès dans l'intimité du souverain ; c'était les certificats de Chérin et l'agrément du roi qui donnaient le droit d'être
admis aux honneurs de la cour, c'est-à-dire aux cercles, aux récep-
tions, aux bals du roi et de la reine, et autorisaient la plus ancienne
noblesse à monter dans les carrosses de Sa Majesté et à l'accompagner
à la chasse, en vertu d'un règlement du 17 avril 1760.

Lorsque Louis XVI imposa l'obligation de faire des preuves de
noblesse de quatre degrés pour être nommé aux sous-lieutenances
dans les régiments d'infanterie française, de cavalerie, de chevau-
légers, de dragons et de chasseurs à cheval (1), Bernard Chérin fut
chargé de les recevoir et de les certifier, conformément à l'ordon-

---

(1) Les preuves testimoniales certifiées par la déclaration de *quatre gentilshommes*
continuèrent à être reçues pour l'entrée dans les Gardes du corps, et dans les Gendar-
mes de la garde du Roi.

nance du 22 mai 1781, rendue sous le ministère de M. de Saint-Germain.

« Le Roi, y est-il dit, a décidé que tous les sujets qui seraient proposés pour être nommés à des sous-lieutenances dans les régiments d'infanterie française, de cavalerie, de chevau-légers, de dragons et de chasseurs à cheval, seraient tenus de faire les mêmes preuves que ceux qui lui sont présentés pour être admis et élevés à son École royale militaire, et que Sa Majesté ne les agréerait que sur le certificat du sieur Chérin, généalogiste.

» Sa Majesté a décidé en même temps qu'elle agréerait les fils des chevaliers de Saint-Louis.

» L'édit du Roi portant création d'une École royale militaire, donné à Versailles au mois de janvier 1751, porte, article 14, qu'il ne sera admis aucun élève dans ladite École, qu'il n'ait fait preuve de quatre générations de noblesse de père;

» Et la déclaration du Roi, concernant ladite Ecole royale militaire, donnée à Versailles le 24 août 1760 porte, article 9, que la preuve de quatre degrés de noblesse de père, y compris le produisant, sera faite par titres originaux et non par simples copies collationnées.

» A l'effet de quoi les parents des susdits sujets que l'on destinera à entrer au service militaire doivent commencer par adresser au sieur Chérin, généalogiste, les faits généalogiques de leur naissance, et les titres originaux justificatifs d'iceux.

» Et après que ledit sieur Chérin aura examiné et reconnu pour véritables les titres qui lui auront été adressés, il remettra son certificat auxdits parents qui le feront passer au Mestre de camp, commandant du régiment dans lequel ils désireront que le sujet soit placé, et le certificat du généalogiste sera joint au mémoire de proposition du Mestre de camp commandant (1). »

Ces certificats de noblesse, avec les filiations de quatre degrés, sont conservés en minute au Cabinet des titres de la Bibliothèque impériale. M. du Prat-Taxis, ancien généalogiste au cabinet des ordres du Roi, en a publié un recueil en 1845, « pour rendre service à beau-
» coup de personnes qui ont perdu leurs titres par suite de l'orage
» révolutionnaire. » Le livre de M. du Prat-Taxis, qui ne contient

_______

(1 *Archiv. du min. de la Guerre;* imprimerie royale 1781. in-4°.

que le nom du père et de la mère du présenté, est devenu très rare et ne se trouve plus dans le commerce. En publiant la nomenclature des familles portées dans ce recueil, dont l'authenticité est incontestable, nous avons voulu fournir aux intéressés une indication qui leur permît de faire prendre copie authentique de filiations dont la production peut leur être utile devant les juridictions compétentes.

Pour apprécier la valeur légale des preuves faites au cabinet de Chérin, il suffira de transcrire ici l'instruction qui accompagnait l'ordonnance du 22 mai 1781.

« Les sujets proposés prouveront au moins quatre degrés de noblesse paternelle, eux compris, et ils produiront :

1° Leurs extraits baptistères délivrés sur papier timbré et légalisés.

2° Les contrats de mariage de leur père, aïeul et bisaïeul, prouvant filiation et qualification caractéristique de noblesse dans les lieux où ils auront été passés.

3° Deux actes civils à l'appui de ces contrats, portant aussi tous deux pareille qualification, et l'un des deux au moins prouvant filiation ; ainsi, chacun des degrés doit être prouvé par trois actes. (Les actes de baptême, de mariage ou de mort n'étaient point admis en preuve de noblesse, mais de filiation seulement).

4° Les arrêts, jugements ou ordonnances qui ont maintenu leurs familles dans leur noblesse. Ceux dont les familles ont été anoblies au degré de leurs bisaïeuls par lettres ou par charges attributives de noblesse, produiront ces lettres ou provisions, et les actes qui en prouvent l'exercice.

5° Des extraits de rôles de tailles ou impositions roturières des paroisses de leur domicile dans lesquelles leurs familles seront comprises depuis trente ans aux chapitres des exempts comme nobles.

6° Enfin, l'inventaire de tous ces actes par ordre de date (1). »

Mais de ce que ces certificats n'attestaient que quatre degrés, il ne faut pas conclure que ceux à qui ils ont été accordés ne pouvaient pas remonter plus haut leur noblesse, car plusieurs d'entre eux, ou leurs auteurs, ont été admis aux honneurs de la cour, faveur qui ne s'accordait qu'à ceux dont les preuves remontaient à 1400 in-

(1 *La France chevaleresque et chapitrale*, 1787, p. 305-307.

clusivement, sans principe connu. Le catalogue des *Preuves de cour*, ainsi que celui des *Chevaliers des ordres du Roi* seront l'objet d'une publication particulière.

Dans le recueil des certificats que nous publions aujourd'hui, le nom patronymique, la mention du diocèse, la date du certificat, nous ont paru des indications suffisantes pour aider les recherches des intéressés. La mention du diocèse correspond non pas toujours au lieu d'origine ou au berceau de la famille, mais au lieu de naissance du présenté.

Louis-Nicolas-Hyacinthe Chérin fils, reçu en survivance de son père, n'entra dans l'exercice de sa charge qu'en 1787, et la conserva jusqu'en 1789. Edmond-Joseph Berthier, commis du cabinet des ordres du Roi, fut chargé de l'*intérim* pendant la minorité de Chérin fils.

Paris, le 25 avril 1864.

# CATALOGUE

DES

# CERTIFICATS DE NOBLESSE

## DÉLIVRÉS PAR CHÉRIN

### POUR LE SERVICE MILITAIRE

1781 - 1789.

---

Abbatucci (Ajaccio, Corse), 1er mai 1789. Chérin fils.

Abbey ou l'Abbey (Bayeux), 27 avril 1786. Berthier.

Aboin de Cordes (Lyon), 26 avril 1786. Berthier.

Abram (Saint-Diez), 19 mars 1787. Chérin fils.

Achard (le Mans), 25 janvier 1787. Berthier.

Achard de la Vente (Avranches), 25 janvier 1787. Berthier.

Achon (Nantes), 16 septembre 1785. Berthier.

Adam de Fromerville (Metz), 23 février 1782. Chérin.

Adhémar du Roc (Sarlat), 19 décembre 1782. Chérin.

Adhémar de Lantagnac (Alby), 1er décembre 1785. Berthier.

Adhémar (Lectoure), 15 mai 1783. Chérin.

Adhémar ou Azémar de Saint-Jean (Uzès), 1er mai 1782. Chérin.

Adoubeden de Rouillé (Coutances) ..... 1782. Chérin.

Affaux de Glata (Lyon), 2 mai 1782. Chérin.

Agier de Ruffosse (Bayeux), 15 novembre 1783. Chérin.

Agis de Saint-Denis (Lisieux), 4 août 1782. Chérin.

Agneaux d'Ouville (Guadeloupe), 2 octobre 1784. Chérin.

Aigle de Champ-Berbaux (Châlons-sur-Marne), 16 avril 1785. Chérin.

Aigues (des) de Sales (Bordeaux), 4 septembre 1784. Chérin.

Aigues (des) de Lombardemont (Bordeaux), 1er octobre 1781. Chérin.

Aiguirande de Poligny (Bourges), 5 septembre 1782. Chérin.

Aix (des) de Veygoux (Clermont-Ferrand), 3 octobre 1783. Chérin.

Albenas de Sullens (Lauzanne, Suisse), 21 mars 1789. Chérin fils.

Albessard (Paris) ..... Chérin fils.

Albon (Lyon) ..... Berthier.
> Fils du marquis d'Albon, prince d'Yvetot, marquis de Saint-Ferjeux, baron d'Avanges, comte de Talaru.

Aldegonde (Sainte-) de Genech (Tournay), 9 novembre 1784. Chérin.
— comte de Sainte-Aldegonde (1).

Aleno de Saint-Alouarn (Quimper), 27 octobre 1784. Chérin.

Alès de Boisse (Alby), 30 mars 1787. Berthier.

Alès de Boscaut (Alby) .... Berthier.

Alesme (Limoges) ..... 1788. Chérin fils.

Alexandre de Rouzat (Clermont-Ferrand), 3 novembre 1784. Chérin.

Allard de Chazelles (Lyon), 20 mars 1785. Chérin.

Almay de Farges (Périgueux) ..... septembre 1788. Chérin fils.

Amariton (Clermont) ..... avril 1786. Berthier.

Amboix de l'Arbont (Rieux), 26 octobre 1781. Chérin..

Amé (Arles, Provence) ..... août 1788. Chérin fils.

Amonville (Évreux) ..... septembre 1787. Chérin fils.

Amoreux (Uzès) ..... mars 1785. Chérin.

Ancelin (Saintes) ..... septembre 1788. Chérin fils.

Anché (Poitiers) ..... octobre 1786. Berthier.

Andigné de Sainte-Gemme ..... 16 juin 1785. Chérin.

André (Alicante, Espagne et Mexique), 14 août 1784. Chérin.

Andrée de Renouard (Carpentras), 30 avril 1785. Chérin.

Angely de la Salle (Angoulême), 7 août 1782. Chérin.

Angenoust (Troyes), 11 mai 1782. Chérin.

Angerville d'Aucher (Lisieux), 6 juin 1785. Chérin.

Anglade (Saint-Domingue).

Anglars (la Rochelle), 1787. Chérin fils.

Anglois (l') de Ramentières (Clermont-Fer.), 24 avril 1786. Berthier.

Anglois (l') de Staintot (Rouen) ..... juin 1781. Chérin.

Angot des Rotours (Séez), 19 mars 1785. Chérin.

Angot du Mesnil Terré (Avranches), 5 septembre 1781. Chérin.

Anjou de Boisnautier (Coutances) ..... octobre 1788. Chérin fils.

---

(1) Le signe — indique *fils du*..... Les titres que nous relatons ici sont portés sur les preuves, et résultent des actes produits devant le généalogiste officiel.

Anselme ..... 4 septembre 1788. Chérin fils.

Antoine (Versailles-Paris), 13 janvier 1785. Chérin.

Anvin (Amiens), 4 août 1787. Chérin fils.

Aoust de Jumelles (Arras), 30 juin 1784. Chérin.
       — marquis de Jumelles.

Aprix (Rouen) ..... avril 1787. Berthier.

Apvrieux ..... 28 août 1781. Chérin.

Aragones d'Orcet (Clermont-Ferrand) ..... février 1787. Berthier.

Aragones de Laval (Clermont-Ferrand) ..... 1787. Berthier.

Arandel (Rouen), 12 mars 1784. Chérin.

Arandel de Candé ..... 12 mars 1784. Chérin.

Arassus (Toulouse), 27 mars 1784. Chérin.

Arbaud de Jouques (Aix en Provence), 24 avril 1788. Chérin fils.

Arblade de Sceailles (Condom) ..... janvier 1783. Chérin.
       — baron de Sceailles et d'Espas.

Arbois de Jubainville (Toul), 11 août 1787. Chérin fils.

Arche (Tulle), 8 janvier 1784. Chérin.

Archer de la Touraille (Metz), 12 janvier 1785. Chérin.
       — comte de la Touraille.

Archier de Brievedent (Rouen), 12 juillet 1784. Chérin.

Argence de la Fresnaye (Évreux) ..... novembre 1787. Chérin fils.

Arlange (le Mans) ..... août 1789. Chérin fils.

Armau de Pouy-Draguin (Auch), 27 août 1781. Chérin.
       — baron de Pouy-Draguin.

Armendarit d'Aberats (Acqs), 31 janvier 1784. Chérin. 20 juin 1785.
       Berthier.
       — baron d'Aberats.

Arnal de Serres (le Vigan-Alais) ..... 1788. Chérin.

Arquier (Marseille), 16 mars 1787. Berthier.

Arzac de la Grèze (Rodez), 8 octobre 1783. Chérin.
       — comte d'Arzac.

Aubé de Bracquemont (Amiens), 16 octobre 1783. Chérin.

Aubenton (Bordeaux et la Rochelle), 15 mai 1782. Chérin.

Aubert de Saint-Georges du Petit-Thouars de Foix (Angers), 12 juillet
       1785. Berthier.

Aubert du Petit-Thouars de Saint-Georges (Saintes), 18 juillet 1785.
       Berthier.

Aubier ..... 17 mars 1782. Chérin.

Aubourg de Bourry (Paris et Rouen), 24 novembre 1784. Chérin.
       — marquis de Bourry.

Audiffret de Beauchamp (Sisteron), 22 juillet 1784. Chérin.

Autier de Villemontée (Clermont), 15 juillet 1784. Chérin.
       — comte de Villemontée.

Auvergnat de Taudias (Bordeaux), 13 août 1784. Chérin.
Aux (Nantes), 4 mars 1783. Chérin.
       — marquis d'Aux, baron de Loupelande.
Auxais d'Haudienville (Coutances), 30 mars 1785. Chérin.
Auzy du Breuil (Poitiers), 27 mai 1782. Chérin.
Averton de Boulay ..... 26 juin 1783. Chérin.
Avesne de Meloise de Fresnoy ..... 7 avril 1785. Chérin.
Avoynes de la Jaille (Angers), 17 mai 1782. Chérin.
Aymery (Versailles-Paris), 29 août 1781. Chérin.
Azémar ou Adhémar de Saint-Jean (Uzès), 1er mai 1782. Chérin.

Bachard de Liscoet ..... 31 mai 1783. Chérin.
Bar de la Garde ..... 5 novembre 1784 et 14 février 1785. Chérin.
Barberot d'Autel (Besançon), 26 octobre 1781. Chérin.
Barbier de Lasserre (Cambrai), 12 octobre 1782. Chérin.
Barcatier de Saint-Julien-d'Assé (Riez), 30 juillet 1784. Chérin.
Bardet de Bure (Clermont), 28 septembre 1782. Chérin.
Barre (la) ..... 19 septembre 1782. Chérin.
Barry de Puyol (Aire), 19 septembre 1781. Chérin.
       — vicomte de Lanusse, baron de Puyol.
Barthelot d'Ozenay (Mâcon), 4 décembre 1784. Chérin.
Barthon de Montbas (Limoges), 16 août 1784. Chérin.
       — comte de Montbas.
Barville de Souplainville (Chartres), 11 juillet 1782. Chérin.
Baudart de Sainte-James et de Vaudésir (Paris), 13 janvier 1783.
      Chérin.
       — baron de Sainte-James.
Baudard de Fontaine (Versailles-Paris), 13 décembre 1782. Chérin.
Bazelaire de Lesseux (Nancy), 28 février 1785. Chérin.
Beaugendre de la Vaucelle (Coutances), 23 mars 1785. Chérin.
Beaumont d'Autichamp (Angers), 22 août 1784. Chérin.
       — comte d'Autichamp.
Bedeau de Launay (Nantes), 27 août 1782. Chérin.
Bédée de l'Escoet (Saint-Brieuc), 5 février 1785. Chérin.
Bedos de Baudecourt (Castres), 16 juillet 1785. Berthier.
Beinac de Saint-Gemme (la Rochelle), 28 septembre 1781. Chérin.
Bel de Belle-Chassaigne (Bourges), 14 février 1785. Chérin.
Bélissen de Durban (Couseran), 16 septembre 1782. Chérin.
       — baron de Castelnau d'Urban.
Bénéfice de Cheylus (Viviers), 24 décembre 1784. Chérin.
       — baron de Cheylus.
Berbis de Corcelles (Dijon), 15 janvier 1785. Chérin.
Berbis de Mailly (Besançon). 22 janvier 1785. Chérin.

Bernard de Saint-Jean (Cahors), 5 janvier 1785. Chérin.
— vicomte de Marsillac.

Bernard de Luchet ..... 2 août 1783. Chérin.

Berodere (Acqs), 2 octobre 1784. Chérin.

Beron d'Oché (Périgueux), 21 septembre 1781. Chérin.

Berthé de Villers-au-Bocage (Amiens), 5 juin 1783. Chérin.

Berthelier (Langres), 22 décembre 1781. Chérin.

Berthon de la Violaye (Paris), 27 septembre 1781. Chérin.

Bertin ....., 8 avril 1783. Chérin.

Bertin de Blagny (Paris), 17 juillet 1781. Chérin.

Bertrand de Boucheporn (Metz), 6 avril 1782. Chérin.

Bertrand de Crozofonds (Agen), 17 octobre et 24 novembre 1784. Chérin.

Bessière (Bordeaux), 16 juillet 1785. Berthier.

Bigot de la Fouane (Orléans), 4 septembre 1784. Chérin.

Billeheust de Saint-Georges (Coutances), 21 juillet 1781. Chérin.

Binet de la Blotière (Nantes), 15 septembre 1784. Chérin.
— comte de la Blotière.

Birazel (Bazas), 19 août 1782. Chérin.

Blanc de Ferrière ..... 5 janvier 1785. Chérin.

Blonsart du Bois-de-la-Roche (Tréguier), 2 octobre 1784. Chérin.

Blou de Chadenac (Viviers) ..... Chérin.
— comte de Blou.

Bodin de Bois-Renard (Orléans), 3 juin 1784. Chérin.

Boessière de Lanvie (Tréguier), 14 décembre 1782. Chérin.
— marquis de la Boessière.

Boileau de Castelnau (Nîmes), 16 avril 1782 et 16 mars 1784. Chérin.

Boilevé du Plantin (Angers), 8 mars 1783. Chérin.

Bois (du) de Saint-Mandé de Longeville (Saintes), 2 octobre 1784.
Chérin.

Bois (du) de Saint-Mandé (Saintes), 16 octobre 1783. Chérin.

Bois (du) de Launay et de Surdine (Bayeux), 8 mai 1784. Chérin.

Bois-Baudry (Rennes), 15 novembre 1783. Chérin.

Bois-Saint-Hilaire (Tulle), 9 avril 1785. Chérin.

Boisseuil (Paris), 4 juin 1784. Chérin.
— comte de Boisseuil.

Bollioud de Chansieu (Lyon), 16 avril 1782. Chérin.

Bonnechose de Vauroyer (Lisieux), 21 avril 1784. Chérin.

Bonnefoy (Castelnaudary, Saint-Papoul,) 15 décembre 1781. Chérin.

Bonnet de Salelles (Perpignan), 28 février 1785. Chérin.

Bonneville de Chapteuil (le Puy en Velay), 3 mai 1783. Chérin.

Bourbel de Montpinson (Dieppe, Rouen) ..... Chérin.

Bonvoust d'Aunay (Séez), 26 novembre 1781, 11 décembre 1784.
Chérin.
— marquis de Bonvoust, baron d'Aunay.

Borda de Josse (Acqs), 15 mai 1782. Chérin.

Borne d'Altier (Paris et Mende), 24 mai 1784. Chérin.
— comte d'Altier, marquis du Champ.

Bosas du Cros (Tournon-Valence), 1er août 1785. Berthier.

Bosc (Montpellier), 28 juillet 1781. Chérin.

Bosch (Lisieux), 25 juillet et 3 août 1785. Berthier,

Bosredon de Genetine (Bourges), 16 juin 1785. Berthier.

Bosredon de Saint-Avit (Moulins), 9 avril 1783. Chérin.

Boubers (Abbeville, Amiens), 1er août 1782, 4 novembre 1783, 9 novembre 1784. Chérin.
— comte de Boubers.

Boucher de Falgueyras (Sarlat), 12 janvier 1782. Chérin.

Boudier de Codeville (Avranches), 4 septembre 1781. Chérin.

Bouexis de la Driannais (Saint-Malo), 3 avril 1784. Chérin.
— vicomte de la Driannais.

Boulini ..... 16 juillet 1785. Berthier.

Boullaye de Bierres ..... 25 juin 1785. Berthier.

Boulleur de Courlon (Langres), 17 juillet 1784, 12 février 1785.
Chérin.

Bourcier de Montureux (Nancy et Toul), 16 septembre 1781. Chérin.
— comte de Bourcier.

Bourdeilles *aliàs* Bourdelle (Saintes), 28 février 1773. Chérin.

Bourdonnaye (la) de Montluc (Rennes), 5 mars 1782, 14 mai 1784.
Chérin.
— marquis de Montluc.

Bourdonnaye (la) de la Bretesche (Nantes), 23 novembre 1782. Chérin.

Bournat de la Faye (Clermont en Auvergne), 12 septembre 1782.
Chérin.

Boutique (la) de Saint-Cristie (Auch), 18 février 1783. Chérin.

Bouvier de Cachard (Valence-Vivarais), 30 mars 1785. Chérin.

Bouzet de Bives ..... 6 mars 1784. Chérin.

Bouzier d'Estouilly (Noyon), 16 mai 1783. Chérin.

Brach d'Esnaudes (la Rochelle), 31 juillet 1784. Chérin.

Brachet de Floressac (Clermont en Auvergne), 5 novembre 1784.
Chérin.
— marquis de Floressac de la Gorse.

Branche de Flavigny (Rheims, Laon), 31 mars 1783. Chérin.

Brassay-Jausseline (Condom), 14 octobre 1782. Chérin.

Brassay du Tarta (Condom), 14 octobre 1782. Chérin.

Braux (Toul), 22 mai 1783. Chérin.

Breil (du) (Montauban), 21 juin 1783. Chérin.
Brillet de Candé (Nantes), 21 décembre 1782, 27 décembre 1783.
    Chérin.
        — baron de Candé.
Brion de Marolles (Paris), 19 décembre 1781. Chérin.
        — marquis de Marolles.
Brisson de la Grange (Paris), 25 mai 1782. Chérin.
Brocas de la Nause (Bazas), 10 août 1782. Chérin.
Broch d'Hotelans (Besançon), 30 janvier 1784. Chérin.
Brondeau de Lée (Châlon-sur-Saône), 6 juillet 1785. Berthier.
Brossard (Lisieux), 9 mars 1782. Chérin.
Brossard de Beauchesne (Évreux), 19 décembre 1782. Chérin.
Brossard d'Hionval (Rouen), 6 avril 1782. Chérin.
Brossard de Saint-Jouer (Rouen), 22 décembre 1781. Chérin.
Brossard de Saint-René (Tours), 16 juillet 1784. Chérin.
Brucourt (Saint-Domingue), 3 avril et 30 juin 1784. Chérin.
Brugière de Farsat (Limoges), 10 mai 1784. Chérin.
Brunet de la Jubandière (Tours), 2 août 1785. Berthier.
Brunier-Adhémar de Larnage de Monteil (Orange), 3 mars 1785
    Chérin.
        — Adhémar de Monteil de Brunier de Larnage.
Brunville de Poussy (Bayeux), 15 septembre 1784. Chérin.
Buisson de Ressouches (Valence), 11 décembre 1784. Chérin.
Buissy (Douai-Arras), 22 juin 1782 Chérin.
Buissy d'Acquets (Amiens), 13 octobre 1784. Chérin.
Buor de la Mulnière ..... 27 mars 1784. Chérin.
Busnel de Montoray (Saint-Malo), 26 avril 1783. Chérin.
Busselot de Dommartin (Nancy-Toul), 27 avril et 19 mai 1782. Chérin.
Busselot d'Andilly (Nancy), 19 mars, 27 avril 1782. Chérin.
Busson de la Marière (Nantes), 21 juillet 1784, 13 juillet 1785. Chérin.
Busson de Coiffard (Saintes), 6 juillet 1785. Chérin.

Cachedenier de Vassimont ..... 27 août 1781. Chérin.
Cadier du Bouy (Autun), 26 avril 1784. Chérin.
Cahuzac du Verdier (Alby), 30 juin 1784. Chérin.
Cailus (Toulouse), 7 septembre 1781. Chérin.
        — comte de Cailus.
Cajettan de Villette ..... 11 décembre 1784. Chérin.
Camon d'Oms de Caloa (Perpignan), 4 décembre 1784. Chérin.
Capdeville d'Arricaud (Aire), 5 mai 1784. Chérin.
Caqueray (Rouen), 11 mai 1784. Chérin.
Caqueray de Beaumont (Rouen), 10 septembre 1784. Chérin.

Careilh de Launay ( Nantes ), 2 juillet 1785. Chérin.

Carlier de Ronchères (Laon), 16 décembre 1782, 4 janvier 1783.
     Chérin.

Carné de Marcein ( Saint-Pol de Léon ), 20 novembre 1784. Chérin.

Caron de Choqueuse (Amiens), 27 mars 1782. Chérin.

Castelnau de Tursan (Aire), 10 septembre 1784. Chérin.
     — marquis de Castelnau, baron de Inpouy.

Castelnau de la Loubère ( Tarbes), 5 février et 3 juin 1785. Chérin.
     — baron de Castelnau.

Castin de Guérin (Saintes ), 11 février 1785. Chérin.

Celery d'Alens (Pamiers) 31 octobre 1783. Chérin.
     — baron de Durbans.

Cellar de la Villeneuve ..... 20 septembre 1781. Chérin.

Cellier de Bouville (Chartres), 7 novembre 1783. Chérin.

Certain de la Meschaussée (Limoges), 31 août 1784. Chérin.

Chabans de Joumard (Périgueux), 21 juillet et 27 octobre 1784. Chérin.
     — comte de Richemont, baron de Candat.

Chabans de Richemont (Périgueux), 21 juillet 1784. Chérin.
     — comte de Richemont, baron de Candat ou Condat.

Chabot de Moncey ( Blois), 26 septembre 1783, 27 octobre 1784. Chérin.

Chaffault (du) de Rié (Luçon), 16 novembre 1784. Chérin.
     — baron de Rié.

Chaléon de Chambrier (Grenoble ), 26 juillet 1781. Chérin.
     — baron de Châteauneuf.

Chamboduc de Magnieu (Forez ), 5 juin 1785. Chérin.

Chamboran de Dron (Limoges ), 15 octobre 1784. Chérin.
     — baron de Dron.

Chamissot de Ville-sur-Iron (Metz ), 28 juin 1783. Chérin.
     — comte de Chamissot.

Chamissot de Villers (Châlons ), 28 juin 1783. Chérin.

Champs (des) de Courgis (Paris), 6 septembre 1783. Chérin.
     — Sgr de la baronie de Courgis.

Champs (des) de Charmelieu (Auxerre), 28 février 1784. Chérin.
     — Sgr du marquisat de Saint-Brice.

Chapiteau de Raimondias (Angoulême), 12 juin 1784. Chérin.

Chappuis de la Goutte (Forez), 13 novembre 1782. Chérin.

Charbonnier de Crangeac (Lyon ), 19 juin 1782. Chérin.
     — marquis de Crangeac.

Chargé de la Brachetière ..... 30 juillet 1785. Berthier.

Charrette de la Conterie (Nantes), 11 octobre 1785. Berthier.

Charry de Beuvron ( Orléans), 17 juin 1785. Berthier.
     — vicomte de Beuvron.

Chassarel de Saint-Paul ( Saint-Domingue ), 22 janvier 1785. Chérin.

Chassaud de Leseaux (Aire), 1er mai 1783. Chérin.

Chassepot de Beaumont de Pissi (Amiens), 9 septembre 1784. Chérin.

Chassy de Nouettes (Bourges), 16 mai 1783. Chérin.
        — baron de Doys.

Chastel (du) de la Varignière (Bayeux), 14 août 1784. Chérin.

Chastel d'Autrecourt (Strasbourg), 6 septembre 1783. Chérin.

Chastel de Villemont (Metz), 6 septembre 1783. Chérin.

Chat (le) de Tressecourt (Angers), 4 juillet 1783. Chérin.

Chauveron de la Combe (Périgueux), 2 avril 1785. Chérin.

Chauvigny de Blot (Clermont), 4 nov. 1783 et 11 mai 1784. Chérin.

Cherade de Montbron (Angoulême), 9 août 1783. Chérin.
        — comte de Montbron.

Chevalier de Greges (Paris), 22 février 1782. Chérin.

Chevalleau de Bois de Ragon (Poitiers), 24 août 1781. Chérin.

Chiavary de Cabassole (Arles), 4 décembre 1784. Chérin.

Chossat de Montberon (Bourg-en-Bresse), 17 juillet 1781. Chérin.

Chossat de Montessury (Bourg-en-Bresse), 7 août 1781. Chérin.

Cipières (Marseille), 17 juillet et 23 septembre 1784. Chérin.

Clairembault de Gregi (Lyon), 28 mai 1783. Chérin.

Claret de Fleurieu (Lyon), 28 mai 1783. Chérin.

Clerc (le) de la Devèze (Die), octobre 1787. Chérin.
        — marquis de la Devèze.

Clervaux de Saint-Christophe (Poitiers), 10 mars 1785. Chérin.

Clinchamp de Villeneuve (Lisieux), 6 juillet 1782. Chérin.

Cochet de Corbeaumont (Saint-Omer), 21 juillet 1784. Chérin.

Coetlosquet de Kerannot de Rauvelin (Saint-Pol-de-Léon), 21 avril
        1785. Chérin.
        — marquis de Coetlosquet.

Colomb de Saint-Thamar (Cahors), 25 juin 1785. Chérin.

Collart de Bouttancourt (Châlons-sur-Marne), 25 avril 1783. Chérin.

Combettes de la Bourrélie (Alby), 1er août 1785. Berthier.

Comte (le) de Saman (Pamiers), 28 juillet 1785. Berthier.
        — baron du Vernet Cantereines.

Comte (le) de Rivault (Poitiers), 24 décembre 1782. Chérin.

Condren de Largny (Soissons), 18 octobre 1784. Chérin.
        — marquis de Condren.

Conen de Saint-Luc (Rennes), 16 juillet 1785. Berthier.

Constant de Pezay (Paris), 11 juillet 1785. Berthier.

Le Conte d'Imonville (Coutances), 6 octobre 1781. Chérin.

Conty de Poitevinière (Poitiers), 8 novembre 1784. Chérin.

Corday d'Amont (Lisieux), 22 juillet 1785. Berthier.

Le Cordier de Bigars de la Heuse (Paris), 9 juin 1784. Chérin.
        — comte de la Heuse.
Cosson ..... 8 juin 1784. Chérin.
Coste de Champeron (Paris), 14 avril 1785. Chérin.
Coste de Champeron de Flens (Paris), 20 avril 1784. Chérin.
Cotton (Lyon), 12 octobre 1784. Chérin.
Couessin du Bois Riou (Saint-Malo), 8 janvier 1785. Chérin.
Couessin de Kerhande (Nantes), 18 février 1785. Chérin.
Couessin de la Beraye (Vannes), 31 août 1782. Chérin.
Cours-Thoumazeau ..... 11 septembre 1781. Chérin.
Cours de Monlezun (Auch), 8 juillet 1785. Berthier.
Courtaurel de Montelard (Clermont), 2 octobre 1782. Chérin.
Le Courtois de Sainte-Colombe (Coutances), 21 août 1784. Chérin.
Cousin de Chatillon (Toul) 20 décembre 1781. Chérin.
Cousinet de Souzy (Paris), 7 février 1784. Chérin.
Coussol de Saint-Go (Auch), 7 avril 1785. Chérin.
Coustin de Roche (Limoges), 25 janvier 1782. Chérin.
Coutocheau de Saint-Hilaire (Grenade), 2 avril 1785. Chérin.
Crespin de la Chabosselais (Saintes), 9 avril 1785. Chérin.
Crozant de Rivières (Angoulême), 12 janvier 1782. Chérin.
Crozet de Conches de la Reynaudie ..... 2 août 1781. Chérin.
Cuellet d'Arroyer (Metz), 25 octobre 1782. Chérin.
Cullon de Chabron (Bourges), 10 août 1782. Chérin.
Cullon de Varennes (Bourges), 10 août 1782. Chérin.
Cursay de Bois Roche (Saintes), 22 février 1785. Chérin.
Cyr (de Saint-) ...... 26 mars 1785. Chérin.

Daen de Kermenenan (Saint-Brieuc), 18 juillet 1782. Chérin.
        — comte de Kermenenan.
Damoiseau de la Bande (Langres), 1er février 1783. Chérin.
David de Renaudies ..... 3 février 1782. Chérin.
David de Beaufort (Autun), 26 juillet 1783. Chérin.
Dicher (d'Icher) de Villefort (Béziers), 17 décembre 1784. Chérin.
        — baron de Villefort.
Digeon d'Autramal (Agen), 16 février 1782, 5 juillet 1783. Chérin.
Dorat de Chatellus (Nevers et Clermont), 8 septembre 1783. Chérin.
Dourdon de Pierre-Fiche (Rodez), 2 octobre 1783. Chérin.
Le Doux de Melleville (Rouen), 28 juillet 1781 ; 4 janvier 1785. Chérin.
Douzon de Bourran (Agen) . . . . . . 1786. Berthier.
        — marquis de Bourran.
Du Doyer de Chaulnois (Chartres), 17 juillet 1781. Chérin.
Drouart de Lézey ..... 30 août 1781. Chérin.

Drouillet de Sigalas (Agen), 19 février 1784. Chérin.

Le Ducq d'Eth ..... 12 mars 1783. Chérin.

Ducrot de Puytesson (Poitiers), 8 janvier 1785. Chérin.

Durand de Pizieux (Chartres), 27 septembre 1783. Chérin.

Durranc de Vibrac (Nîmes), 15 décembre 1781. Chérin.

Durey de Noinville (Paris), 13 octobre 1784. Chérin.

Dursus de Varouville (Coutances), 26 octobre 1782. Chérin.


Ecosse (Verdun), 6 novembre 1781. Chérin.

L'Empereur de Guerny (Paris), 24 avril 1784. Chérin.

L'Escalle d'Affleville ..... 15 décembre 1784. Chérin.

L'Escalle de Villotte (Toul), 15 décembre 1784. Chérin.

Escorbiac (Montauban), 17 juillet 1781. Chérin.
       — baron de Bousquet et de Montchis.

Escorches de la Grande Noé (Chartres), 7 janvier 1784. Chérin.

Escoubleau de Sourdis (Paris), 7 septembre 1782. Chérin.
       — marquis de Sourdis.

Esmangart de Pierre Rue (Paris), 2 mars, 23 avril 1782. Chérin.

L'Espagneul de la Plante (Tours), 25 juillet 1785. Berthier.

L'Espagneul (Angers), 25 juin 1785. Berthier.

L'Espagnol de Bézannes (Reims), 18 juin 1784. Chérin.

L'Espagnol de Gimbrey (Tournay), 27 mars 1782. Chérin.

L'Espaut de l'Espierre (Tournay), 31 juillet 1784. Chérin.

L'Espinay de la Farousière (Séez), 20 janvier 1783. Chérin.

Estienne de Chaussegros de Lioux (Metz) ..... Chérin.

Estresse de l'Espinet et de Paunac (Cahors), 22 juillet 1785. Berthier.

Exéa (Narbonne), 19 octobre 1784. Chérin.


Fage (la) de Pailhès (Rieux), 19 mars 1782. Chérin.
       — baron de Pailhès.

Faget de Pomps (Lescar), 16 août 1785. Berthier.

Failly (Reims), 22 décembre 1781. Chérin.

Falloux du Lys (Poitiers), 19 décembre 1783. Chérin.

Farcy de la Ville du Bois (Rennes), 15 janvier, 19 février 1785. Chérin.

Farcy de Boutigny (Angers), 12 janvier 1785. Chérin.

Fariaux de Landisay ..... 7 décembre 1782. Chérin.

Faure de Saint-Maurice (Lavaur), 7 mai 1783. Chérin.
       — baron de Monpaon.

Fay de Villeneuve ..... 28 février 1783. Chérin.

La Faye de Chardeuil (Périgueux), 22 décembre 1784. Chérin.

Le Febvre de Vulmont (Metz) ..... juin 1785. Berthier.

Le Febvre de Marpalu (Coutances), 24 août 1784. Chérin.

Feron de la Heuze (Rouen), 18 juillet 1785. Berthier.

Ferrand de la Conté (Coutances), 23 avril 1785. Chérin.

La Ferté de Meung (Nevers), 9 avril 1785. Chérin.

Feu de Lignères (Sens), 3 novembre 1781. Chérin.

Feydeau de Ressonneau (Limoges), 11 mars 1785. Chérin.

Filhot de Chimbaut (Bordeaux), 9 mai 1783. Chérin.

Foissac de Carbonac (Agen), 24 décembre 1784. Chérin.

Folliot de Fierville (Coutances), 17 avril 1784. Chérin.

Fonteine de Villers (Tournay), 4 février 1785. Chérin.

Fonvielle de Montboucher (Agen), 8 juillet 1785. Berthier.

Forbin des Issarts (Avignon), 15 février, 19 octobre 1785. Chérin et
    Berthier.
    — comte de Forbin.

Forcade de Gaston de la Grèze..... 19 août 1785. Berthier.

Forerand de Croizelet (Saint-Claude), 11 janvier 1782. Chérin.

Forges de la Boncelaye (Vannes), 17 mars 1785. Chérin.

Fornel de Limerac (Angoulême), 31 juillet 1782. Chérin.

Le Fort de Carneville (Coutances), 31 octobre 1783. Chérin.

Du Fou de Kerdaniel (Vannes), 6 septembre 1783, 19 octobre 1784.
    Chérin.

Foucher de la Festière, Sgr de Carreil (Nantes), 5 août 1782. Chérin.

Du Four de la Thuillerie (Lisieux)..... Chérin.

Fourquet de Lustar (Auch), 15 janvier 1784. Chérin.

Fraisse de Pessade (Clermont-Ferrand), 8 mai 1783, 16 avril 1784.
    Chérin.

Franchelin de Monvel..... 25 juin 1783. Chérin.

Fréard du Castel (Bayeux), 5 mai 1784. Chérin.

Le Frère de Maisons (le Mans), 19 juillet 1785. Berthier.

Du Fresne de Fontaine (Paris), 22 mai 1783. Chérin.

Fribois de Rupière (Bayeux), 23 avril 1785. Chérin.

Frollier de Fonteraine (Lyon), 24 septembre 1784. Chérin.

Frotté de la Rimblière (Séez), 12 mars 1782. Chérin.

Fulque (Foulque) d'Oraison (Aix), 15 novembre 1781. Chérin.
    — marquis d'Oraison.


Galaup du Mares (Agen), 19 juillet 1783. Chérin.

Gallet de la Vallière (Rouen), 9 février 1782. Chérin.

Gallin de Mornas (Grenoble), 19 mars 1785. Chérin.

Gallivey (Nantes et Irlande), 4 février 1785. Chérin.

Garat de la Villeneuve (Limoges), 10 nov. 1784, 4 février 1785. Chérin.
    — baron de la Villeneuve.

Garron de la Bévière (Lyon), 23 avril 1782. Chérin.

Gassendy de Tartonne (Digne), 8 mai 1784. Chérin.

Gay de Nexon (Limoges), 2 octobre 1783, 10 avril, 17 septembre 1784. Chérin.

Gay du Puy d'Anché (Poitiers), 21 décembre 1782, 17 février 1783. Chérin.

Gazet de la Noé (Nantes), 9 juin 1784. Chérin.

Gazet du Chatellier (Nantes), 9 juin 1784. Chérin.

Gentil de la Valade (Périgueux), 26 septembre 1782. Chérin.

Gentil de Rosmaduc (Quimper), 16 avril 1785. Chérin.

Gentil de Parroy (Paris), 16 avril 1785. Chérin.
        — marquis de Parroy.

Géraud de Langalerie (Agen), 16 août 1781. Chérin.

Gères de Vacquey (Bordeaux), 27 octobre 1784. Chérin.

Geslin de Penaurun (Quimper), 20 juillet 1785. Berthier.

Gestas de Montmaurin (Comminges), 7 août 1784 et 28 avril 1785. Chérin.

Gilles de Fontenille (Tours), 31 juillet 1781. Chérin.

Gillet de Chalogne (Autun), 6 juin 1783. Chérin.

Gillet de Grandmont (Autun), 6 juin, 23 juin 1783. Chérin.

Gillet de Thorey (Autun), 15 avril 1783. Chérin.

Ginestous (Montpellier), 17 janvier 1784. Chérin.
        — baron de Ginestous et de la Liquisse.

Girard de Pindray ..... 25 novembre 1782. Chérin.

Girard de la Batisse (Clermont), 15 juillet 1785. Berthier.

Gislain de Bontin (Sens), 19 octobre 1781, 27 septembre 1784. Chérin.
        — baron de Bontin.

Godart de Belbeuf (Rouen), 8 mars 1783. Chérin.
        — marquis de Belbeuf.

Godet de Chatillon (Nantes), 27 octobre 1784. Chérin.

Gohier du Gast (Coutances), 4 décembre 1784. Chérin.

Goguier de Brichanteau (Chartres), 3 août 1783. Chérin.

Goislard de Montsaber (Angers), 16 juillet 1785. Berthier.
        — comte de Richebourg.

Gondrecourt (Châlon-sur-Saône), 6 octobre 1781. Chérin.

Le Gonidec de Pineau ..... 4 novembre 1783. Chérin.

Le Gonidec de Keralie ..... 5 juin 1785. Berthier.

Gosson (Amiens), 16 août 1781, 5 avril 1785. Chérin.

Got de la Rosière (Séez), 17 octobre 1781. Berthier.

Gouberville (Coutances), 14 juin 1783. Chérin.

Goué de Marchais (la Rochelle), 9 avril 1785. Chérin.

Goueslier de Montcarel (Paris-Versailles), 26 juin 1784. Chérin.

Le Goullon de Coin (Metz), 23 août 1783. Chérin.

Gouro de Pommery (Vannes), 17 août 1784. Chérin.

Goussencourt de Grivesne (Amiens), 16 août 1784. Chérin.
— comte de Grivesne.

La Goutte du Vivier (Autun), 3 novembre 1784. Chérin.

Le Goux du Plessis (Angers), 14 juin 1785. Chérin.

Gouyon de Rochettes (Quimper), 14 novembre 1782. Chérin.

Gouzagne d'Amey de Saint-Bresson (Besançon), 11 juillet 1783. Chérin.

Goy ..... 20 mars 1782. Chérin.

Goys de Mezeyrac (Puy-en-Velay), 9 février 1782. Chérin.

Granges de la Fouchardière (Nantes), 28 octobre 1784. Chérin.

Le Gras de Vaubercy (Troyes), 28 mai 1783. Chérin.

Le Gras de la Chassetière (Tours), 22 décembre 1784, 16 juillet 1785.
Chérin et Berthier.

Grave de Saint-Martin (Agde), 3 avril 1783. Chérin.
— marquis de Grave.

Greiche de Jalamoust (Metz) ..... Chérin.

Gripière de Moncrocq (Agen), 3 août 1785. Berthier.

Gros de Besplas (Montpellier), 23 juillet 1782. Chérin.

Grouchy de Robertot (Paris), 9 août 1781. Chérin.

Guardia (Perpignan), 24 janvier et 19 mars 1785. Chérin.

Guerchin de Logne (Metz), 3 juin 1784. Chérin.

Guérin de Beaumont (Blois), 26 novembre 1784. Chérin.

Guérin de Marconville (Rouen), 10 avril 1782. Chérin.

Gueuteville de Collemare (Rouen), 26 juin 1784. Chérin.

Guillaume de Vaudreville (Rouen), 10 mai 1783. Chérin.

Guillebon d'Estrigny ..... 11 janvier 1783. Chérin.

Guinard (Guignard) (Poitiers), 3 mai 1783. Chérin.

Guiot de Saint-Remy ou Guyot (Lorraine) ..... 16 juill. 1784. Chérin.

Guyenard (Lyon-Bresse), 9 juin 1784. Chérin.
— marquis d'Andelot.

Guyon de Pouvourville ..... 19 avril 1785. Chérin.

Guyon de Vanloger (Séez), 14 mai, 10 novembre 1784. Chérin.

Guyonnet de Cugnols (Agen), 16 juin 1785. Berthier.

Guyot de Saint-Amand (Paris), 23 mai 1782. Chérin.
— marquis de Saint-Amand.

Guyot de Saint-Remy (Nancy), 16 juillet 1784. Chérin.

Gyves de Montguignard (Orléans), 21 janvier 1781. Chérin.


Haffon de l'Estre Dingat (Quimper), 9 avril 1785. Chérin.

Haffrengues d'Helleme (Tournay), 13 juillet 1785. Berthier.

Hagen ou de la Haye ..... janvier 1787. Chérin.
— baron de Hagen.

Halna du Fretay ..... 22 février 1785. Chérin.

Hamel de Moissey (Saint-Domingue), 15 septembre 1781. Chérin.

Hamel du Désert (Besançon), 15 septembre 1781. Chérin.

Hamon de Kervers (Brienne), 8 octobre 1784. Chérin.

Hanecart d'Irval et d'Hornarie (Tournay), 10 avril 1782. Chérin.

Hanecart de Brisœil (Arras), 26 février 1784. Chérin.

Hanniques d'Herquelinques (Boulogne), 5 avril 1783. Chérin.

Hatte de Longuerne (Alais), 5 avril 1784. Chérin.

Hatte de Chevilly (Paris), 23 août 1781, 4 novembre 1783. Chérin.

Haussay (Reims), 12 mai 1787. Chérin.
— baron de Montbalet.

Hautoy (Nancy et Metz), 28 juin 1783. Chérin.
— vicomte du Hautoy.

Havart de Popaincourt (Beauvais), 23 août 1782. Chérin.

La Haye (Paris), 12 novembre 1783. Chérin.

La Haye de Saint-Hilaire (Rennes), 16 juin 1785. Berthier.
— comte de la Haye Saint-Hilaire.

Hays du Plessis (Séez), 16 novembre 1784. Chérin.

Hazon de Saint-Firmin (Paris), 15 avril, 17 juillet, 4 décembre 1784.
Chérin.

Hélie de Bonceil et de Combray (Séez), 17 novembre 1781. Chérin.

Hespel de Guermanes (Tournay), 9 novembre 1784. Chérin.

Heusch de Werm (Liége), 3 juin 1784. Chérin.
— baron de Heusch.

Heusch de Rossigny (Namur), 31 octobre 1782. Chérin.

Hozier (Rouen), 14 décembre 1784. Chérin.

La Houssaye de Trouville (Rouen), 9 novembre 1782. Chérin.

Huc de Caligny (Coutances), 22 mai 1783. Chérin.

Hue de Grosbois (Lyon), 27 juillet 1785. Berthier.

Huger de Bacquencourt (Rouen), 25 avril 1783. Chérin.

Humbert de Tonnoy (Nancy), 23 août 1781. Chérin.

Huot de Charmoille (Besançon), 5 juin 1783. Chérin.

Hurot d'Agneville ..... 24 avril 1783. Chérin.

Huvé (Besançon), 21 juillet 1784. Chérin.

Huyn de Raville (Nancy), 25 juillet, 7 août 1784. Chérin.


Icher de Villefort (Béziers), 17 décembre 1784. Chérin.
— baron de Villefort.

Illoud (Toul), 15 septembre 1781. Chérin.

Isle de Brainville (Toul), 16 juin 1785. Chérin.

Jacomel de Cauvigny (Agde), 16 juillet 1785. Berthier.
Jacops d'Aigremont (Tournay), 21 novembre 1782. Chérin.
          — marquis d'Aigremont.
Jaubert-Lassus (Perpignan), 19 décembre 1782. Chérin.
Jausselin de Tusta (Condom), 11 janvier 1783. Chérin.
Jay du Grand Rozoy (Soissons), 30 juin 1784. Chérin.
Jean de Saint-Marcel (Vienne), 6 mars 1784. Chérin.
Jean de Sobertie (Périgueux), 5 novembre 1783. Chérin.
Jobal de Pagny ..... 3 mai 1783. Chérin.
Joly de Bonneau (Bazas), 28 décembre 1782. Chérin. .
Jourda de Vaux de Chabanolles (Puy-en-Velay) 16 juin 1785. Berthier.
Jourdan de la Berthe Lotine (Angers), 25 octobre 1782, Chérin.
Joussineau de Tourdonnet (Paris), 29 janvier 1783. Chérin.
          — marquis de Tourdonnet.
Juchereau du Chesnay (Québec), 19 mars 1785. Chérin.
Juchereau de Saint-Denis (Corse), 2 juillet 1785. Berthier.
Juge de Montespieu (Montauban), 2 octobre 1784. Chérin.
Juge de Frescati (Fresqueli) (Agde), 12 mars 1785. Chérin.
Juglart de Limerac (Périgueux), 7 octobre 1783. Chérin.
Juglart de Lardinie (Angoulême), 17 janvier 1784. Chérin.
Juglart de Claix (Angoulême), 7 mai 1783. Chérin.
Juvigny (Avranches), 10 septembre 1781. Chérin.


Kayr de Blumenstein (Vienne), 6 mars 1784. Chérin.
Kermengui du Rosland ..... 17 octobre 1784. Chérin.
Kerpaen de Kersalo (Vannes), 7 avril 1784. Chérin.
Kœler de Blaunberg (Trèves), 12 juillet 1782. Chérin.
          — baron de Kœler de Blaunberg.


Labbey de Puneley (Séez), 22 mai 1783. Chérin.
Du Lac du Puydenat (Paris), 9 avril 1785. Chérin.
          — baron du Vicomtat, comte du Lac.
Du Lac ..... 27 juillet 1785. Berthier.
Laire du Vin (Clermont-Ferrand), 22 mai 1783. Chérin.
Lalleman de Villiers ..... 18 juin 1784. Chérin.
Lambert de Chamerolles (Angers), 25 nov., 18 déc. 1784. Chérin.
          — baron de Chamerolles.
Lambert des Andreaux (Angoulême), 18 décembre 1784. Chérin.
Lamoignon (Paris), 2 mars 1784. Chérin.
          — marquis de Basville, baron de Saint-Yon.
La Lance (Verdun), 1er avril 1784. Chérin.
Lançon de Lostières (Paris-Versailles), 25 février 1783. Chérin.

Langlade (Vannes), 21 octobre 1783. Chérin.
    — vicomte de Langlade.
Langle de Beaumanoir (Rennes), 12 février 1785. Chérin.
    — comte de Langle, baron de Beaumanoir.
Langlois d'Estaintot (Rouen), 17 juillet 1781. Chérin.
Lard du Buscou (Agen), 11 septembre 1782. Chérin.
Le Large d'Ervaux (Blois), 11 mars 1785. Chérin.
Lartigue de Mérenville (Lombez), 16 avril 1785. Chérin.
Lary de la Tour (Lectoure), 10 mai 1784. Chérin.
Du Lau de Lage (Angoulême), 18 septembre 1781. Chérin.
Laugier de Beaurecueil (Aix), 7 février 1784. Chérin.
Laulanhier (Paris-Versailles), 22 décembre 1784. Chérin.
Laurentan ..... 27 septembre 1782. Chérin.
Laurès (Béziers), 19 février 1785. Chérin.
Laurie d'Espot (Saint-Flour), 1er septembre 1782. Chérin.
Lauzières de Thémines ..... 14 mars 1785. Chérin.
Lavaux (Noyon), 25 avril 1783. Chérin.
    — comte de Lavaux.

Law de Lauriston ..... 8 juin 1782. Chérin.
Le Lay de Kermabin (Tréguier), 15 juin, 4 août 1785. Berthier.
Léaumont Puy-Gaillard ..... 10 novembre 1784. Chérin.
Lecey de Changey (Langres), 3 juin 1784. Chérin.
Leffe de Noue (Bourges), 8 et 16 juillet 1785. Berthier.
Lenequesaing de la Rée (Tournay), 29 janvier 1784. Chérin.
Leusse de Mezieu (Vienne), 28 décembre 1781, 3 avril 1784. Chérin.
Livene des Rivières (Saintes), 29 avril 1785. Chérin.
Longeville (Toul), 22 février 1785. Chérin.
Loppin de Gemeaux (Dijon), 12 mars 1783. Chérin.
    — baron de Gemeaux.
Louvet de Contrière (Coutances), 25 avril 1783. Chérin.
Loynes d'Autroche (Orléans), 1er juin 1782. Chérin.
Lubersac de Chabrignac (Limoges), 28 février 1783. Chérin.
    — vicomte de Lubersac.
Lupé de Besmeaux (Auch), 17 juillet 1784. Chérin.
    — marquis de Besmeaux.
Machat de Pompadour ..... 5 octobre 1782. Chérin.
Macklot de Coligny (Metz), 12 mars 1782. Chérin.
Madronnet de Saint-Eugène (Paris), 7 janvier 1785. Chérin.
Magon de la Ville-Baque (Saint-Malo), 31 mars 1785. Chérin.
Magon du Bosc (Saint-Malo), 31 août 1782. Chérin.
Magon de la Gervaisais (Saint-Malo), 11 juillet 1782. Chérin.
    — marquis de la Gervaisais, vicomte de Frau.

Mahieu de Saint-Fremont (Martinique), 27 septembre 1783. Chérin.

Le Maignan de la Verrie (Poitiers), 21 juin 1785. Berthier.

Le Maignan de l'Écorce (Nantes), 12 avril 1785. Chérin.

Maigné de Salanave (Tarbes), 20 décembre 1781. Chérin.

Maillard de la Faye (Périgueux), 11 octobre 1781. Chérin.

Mailliart de Villacourt (Toul), 11 mai 1784. Chérin.

Mailly de Château-Renaud (Besançon), 31 juillet 1784. Chérin.
    — marquis de Château-Renaud.

Mainbourg de Pulligny (Toul), 2 mai 1782. Chérin.

Maisière (Cambrai), 14 juin 1783. Chérin.

Maisniel d'Applaincourt (Amiens), 23 août 1781. Chérin.

Maleden de Feytia (Limoges), 6 juillet 1782. Chérin.

Maitre d'Annoville (Coutances), 5 janvier 1782. Chérin.

Maizière du Fresne (Reims), 28 mai 1784. Chérin.

Malarmey de Roussillon (Besançon), 29 septembre 1781. Chérin.
    — comte de Roussillon.

La Maliouse du Chesnay (Coutances), 7 janvier 1784. Chérin.

Mallet de Frumilly (Paris), 23 mars 1785. Chérin.

Mandat de Neuilly (Troyes), 24 novembre 1781, 4 février 1783. Chérin.
    — baron de Neuilly.

Maccarthy de Sprinhouse (Londres), 20 décembre 1783. Chérin.

Marescot de la Noue (le Mans), 12 juillet 1784. Chérin.

Margadel (Metz), 7 novembre 1782. Chérin.

Margeot de Saint-Ouen (Séez), 8 mai 1783. Chérin.

Marguerie de Montfort (Toul), 3 décembre 1782. Chérin.

Le Marié d'Aubigny (Paris), 12 juillet 1783. Chérin.

Marigny (Bayeux), 14 février 1784. Chérin.

Marmiesse de Lussan (Toulouse), 24 avril 1784. Chérin.

Marne (Toul), 15 mai, 21 sept. 1782, 9 avril, 6 nov. 1783. Chérin.

Marquelet de la Noue (Meaux), 20 août 1783. Chérin.

Marquet d'Orne (Grenoble), 19 janvier 1782, 21 février 1783. Chérin.

Martin de Choisey de Barjon (Besançon), 25 sept., 11 nov. 1782. Chérin.

Martin de Nantial (Limoges), 21 septembre 1782. Chérin.
    — baron de Nantial.

Martin de Compreignac (Limoges), 28 août 1784. Chérin.
    — baron de Compreignac.

Martin de la Bastide (Limoges), 21 septembre 1782. Chérin.

Mary de la Chanterie (Coutances), 3 mars 1785. Chérin.

Mascon de Fredeville (Clermont), 25 juin 1785. Berthier.
    — comte de Mascon, *alias* Macon.

Mauduit de Kerlivio (Saintes), 11 décembre 1784. Chérin.

Maurey d'Orville (Séez), 18 octobre 1782, Chérin,

Mauvise du Peux (Poitiers), 9 avril 1785. Chérin.

Mauvise de Lardonnière ..... 21 avril 1784. Chérin.

Mayan de Bois Lambert (Poitiers), 26 juin 1784. Chérin.

Mayet de la Villatelle (Clermont-Ferrand), 21 décembre 1781. Chérin.

Melon de la Motte Capion (Montpellier), 27 octobre 1784. Chérin.

Le Meneust de Bois-Briand (Nantes), 24 avril 1784. Chérin.

Menthon de Rozy (Saint-Claude), 14 août 1784. Chérin.
      — comte de Menthon, baron de Rozy et de Toulonjon.

Mercy de Procheville (Toul), 11 décembre 1784. Chérin.

Du Mesnil-Simon (Saintes), 17 juillet 1784. Chérin.
      — marquis du Mesnil-Simon.

Mesnil d'Odheville (Nancy), 1er décembre 1781. Chérin.

Mezange de Saint-André (Viviers), 7 octobre, 11 décembre 1784. Chérin.

Mezange de Chardonnet (Séez), 1er août 1781. Chérin.

Michel d'Annouville (Coutances), 23 septembre 1784. Chérin.

Michel de Chambert (Coutances), 8 juillet 1785. Berthier.

Mieulet de la Rivière (Montauban), 11 septembre 1781. Chérin.

Miquel de Saint-Gemme (Comminges), 19 juin 1783. Chérin.
      — baron de Saint-Ton.

Miramont de Chadebec (Limoges), 19 mars 1785. Chérin.

Moloré de Saint-Paul (le Mans), 20 décembre 1782. Chérin.

Mondion d'Artigny (Poitiers), 18 septembre 1784. Chérin.

Mondion de Chassigny (Tours), 24 juillet 1782. Chérin.

Mont de la Fontelaye (Rouen), 26 février 1783. Chérin.

Montagnac de Chauvance (Bourges), 2 décembre 1784. Chérin.

Montbel de la Croix ..... 1er mai 1784. Chérin.

Montherot de Montferrand (Lyon), 20 septembre 1783. Chérin.

Mongeot d'Hermonville (Reims), 30 juillet 1785. Chérin.

Montigny ..... 21 mars 1782. Chérin.

Montlezun Campagne (Paris), 4 décembre 1781. Chérin.
      — marquis de Montlezun.

Montozon de l'Esquillac (Périgueux), 31 juillet 1784. Chérin,

Morand du Deron de Callac (Vannes), 26 février 1785. Chérin.
      — comte de Callac.

Morel de Roguerie (Coutances), 19 mai 1784. Chérin.

Morel de Than (Bayeux), 6 juin 1784. Chérin.

Morel de Foucancourt (Noyon), 27 janvier, 2 mai 1784. Chérin.
      — baron d'Audevanne.

Morel de Boncourt (Amiens), 11 juillet 1785. Chérin.

Morgan de Belloy (Amiens), 1er août 1785. Berthier.

Morin de Sendat (Bazas), 13 septembre 1782. Chérin.
      — baron de Sendat.

Mory d'Elvange (Nancy), 25 mai et 6 juin 1782. Chérin.

Mosnier de Thouaré (Nantes), 8 et 20 juillet 1785. Berthier.

Moucheron de Pennance (Quimper), 31 août 1785. Chérin.

Mouillebert de Puissec (la Rochelle), 5 et 27 septembre 1784, 25 janvier 1785. Chérin.

Mousin de Romecourt (Bar-le-Duc), 10 mai 1783. Chérin.
    — baron de Romecourt.

Moyria de Vologna (Bourg-en-Bresse), 11 novembre 1784. Chérin.

Moysen de Pas (Poitiers), 17 décembre 1782. Chérin.

Musnier de la Converserie ..... 7 décembre 1782. Chérin.


Naguet de Saint-Georges (Honfleur), 21 octobre 1782. Chérin.

Narbonne-Pomaret (Uzès), 19 avril 1783. Chérin.

Nays de Candan (Lescar), 12 avril 1785. Chérin.
    — marquis de Candan.

Nelle de Lezinghem (Arras), 28 avril 1784. Chérin.

Neufchèze ou Neufchaise (Nevers), 5 septembre 1783. Chérin.

Noel (Toulouse), 3 septembre 1781. Chérin.

Noir de Lanchat (Séez), 27 septembre 1782. Chérin.

Noirat de Platteville (Sens), 15 juin 1785. Berthier.

Normant du Chamfle (Amiens), 11 novembre 1782. Chérin.

Noyel de Vieux Bourg (Lyon), 27 novembre 1781. Chérin.

Noyel de Pérange (Lyon), 10 novembre 1781. Chérin.

Noyel de Berins (Lyon), 14 août 1781. Chérin.


Oms de Caloa (Perpignan), 4 décembre 1784. Chérin.

Orfeuille de Saint-Georges (Poitiers), 8 mars 1783. Chérin.

Orglandes de Briouse (Séez), 10 janvier 1783. Chérin.
    — comte de Briouse.

Oriole (Perpignan), 28 juin 1782. Chérin.

Orival de Criel (Rouen), 13 mars 1782. Chérin.

Orselty (Lucques-Toscane), 4 février 1785. Chérin.
    — comte Orselty.

Osbert de Premont (Coutances), 27 octobre 1784. Chérin.


Paillot de Frasline (Troyes), 8 avril 1783. Chérin.
    — comte de Paillot.

Pallet d'Antraise (Saintes), 21 février 1783. Chérin.

Pandin de Tonnay Boutonne (Saintes), 15 janvier 1784. Chérin.
    — baron de Tonnay.

Pandin de Biarges (Nimes et Uzès), 22 mars 1783. Chérin.

Pardieu d'Avermenil (Paris), 24 avril 1784. Chérin.
— marquis de Pardieu.

Parisot de Lauverey ..... 10 janvier 1783. Chérin.

Pascault de Poléon (la Rochelle), 29 septembre 1786. Berthier.
— marquis de Poléon.

Passac de Pinchat (Tours), 17 avril 1784. Chérin.
— comte de Passac.

Passe (la) de la Loubère (Lombez), 29 janvier 1785. Chérin.

Paterne de Gombault de Razac (Bordeaux), 23 août 1783. Chérin.
— baron de Razac.

Pavant (Reims), 4 mai 1782. Chérin.

Paviot de Nantelois ..... 17 avril 1782. Chérin.

Payen de Chavoy (Avranches), 13 novembre, 4 décembre 1784. Chérin.

Payen de la Bucquière (Arras), 3 août 1782. Chérin.
— comte de Bucquière.

Pélissier des Granges ..... 5 octobre 1784. Chérin.

Pelay de la Houssayrie (Coutances), 7 août 1784. Chérin.

Penfentino ..... 22 novembre 1782. Chérin.

Perey (Bayeux), 7 octobre 1784. Chérin.

Periers de Fresnes (Lisieux), 15 septembre 1781. Chérin.

Perrault de la Bertrandière (Angers), 7 novembre 1782 et 12 août 1783. Chérin.

Perrin de Précy (Autun), 10 mai 1784. Chérin.

Perrin de Jonquières (Arles), 18 février 1783. Chérin.

Perrin (Arles), 18 février 1783. Chérin.

Perrochel de Grandchamps (le Mans), 26 mars 1785. Chérin.

Perrotin de Barmond (Paris), 21 novembre 1781. Chérin.

Petit de Dracy (Sens), 11 août 1785. Chérin.

Petit de Vaux la Petite (Verdun), 24 novembre 1784. Chérin.

Petit de Brauvillier (Châlons-sur-Marne), 24 novembre 1784. Chérin.

Petit de Bois d'Aunay (Bayeux), 6 octobre 1781. Chérin.
— baron engagiste de Varaville.

Peyrand de la Chèze (Poitiers), 18 avril 1782. Chérin.

Peyruse (la Rochelle), 13 avril et 27 mai 1782. Chérin.

Picot de Clos Rivière (Nantes), 31 janvier, 17 juillet 1782. Chérin.

Picot de Pledran (Saint-Brieuc), 28 mai 1783. Chérin.
— vicomte de Pledran.

Pierrepont de Dodainville (Coutances), 21 juillet 1784. Chérin.

Piis (Condom), 26 octobre 1781. Chérin.

Pillon de la Tillaye (Lisieux), 13 juillet et 3 août 1784. Chérin.

Pillon de Bosregnoult (Lisieux), 25 juin 1785. Berthier.

Pin de Saint-Barban (du) (Limoges), 27 novembre 1782. Chérin.

Pindray d'Ambelle (Poitiers), 28 juin 1784. Chérin.

Pinel (Carcassonne), 26 juillet 1785. Berthier.

Pinteville de Cernon (Châlons-sur-Marne), 13 août 1781, 24 décembre 1784. Chérin.
— baron de Cernon.

Place (la), à Douai (Arras), 31 mai 1782. Chérin.

Plantin de Villeperdrix (Uzès), 2 octobre 1783. Chérin.

Plas (des) du Bouisson (Cahors), 13 janvier 1785. Chérin.

Platel du Plateau ..... 5 février 1785. Chérin.

Ploenc de Kerhado (Quimper), 16 juin 1785. Berthier.
— marquis de Ploenc ou de Ploeuc.

Pocrier de Portbail (Coutances), 6 décembre 1783. Chérin.

Pons de la Bastie (Briançon), 28 août 1784. Chérin.

Pontavice (Avranches), 24 août 1782. Chérin.

Ponte d'Albaret (Perpignan), 22 février 1785. Chérin.
— vicomte d'Albaret.

Porcq (le) de Champard (Boulogne-sur-Mer), 1er août 1781. Chérin.

Porte (la) de Beaumont (Saintes), 16 août 1783, 7 février 1784. Chérin.

Posnel de Verneaux (Lyon), 26 septembre 1783. Chérin.

Postel du Colombier (Évreux), 15 avril 1785. Chérin.

Potier de Raynans (Toul-Nancy), 31 mars 1784. Chérin.

Potier (Versailles), 21 mars 1782. Chérin.

Poulain de la Guerche (Angers), 31 mars 1785. Chérin.

Poulain de la Fontaine Saint-Père (.....). 20 novembre 1784. Chérin.

Poulpiquet de Lauvequen (Quimper), 10 août 1785. Berthier.

Prat (Toulouse), 6 septembre 1782. Chérin.

Prévost (Sens), 25 octobre 1782. Chérin.

Prevost de Bonnezeaux (Angers), 27 septembre 1782. Chérin.

Prévost de la Croix (Louis-Bourg, Québec), 7 juillet 1784. Chérin.

Le Prévost d'Iray (Évreux), 21 mars 1782. Chérin.

Prévost de Gagemont (Poitiers), 28 décembre 1781. Chérin.

Proust de la Gironnière, ou de Gironnière (Nantes), 14 juin 1784. Chérin.

Prudhomme du Roc (Cahors), 31 mars 1784. Chérin.

Puiguion de la Gannerie (Poitiers), 25 novembre 1784. Chérin.

Puniet de Cavensac ..... 11 mai 1784.

Puy d'Aubignac (Alais), 6 août 1785. Berthier.

Puy de Mussieu (Lyon), 28 décembre 1782. Chérin.


Quarré de Repaire (Arras), 1er septembre 1782. Chérin.

Raigecourt de Gournay (Nancy), 9 avril 1783, 1er avril 1784. Chérin.
— marquis de Raigecourt-Gournay.

Ranchin de Burlas (Lavaur), 16 octobre 1783, 11 juin 1784. Chérin.

Rampan (Bayeux), 17 mars 1785. Chérin.

Randon de Massans (Nîmes et Lyon), 9 août 1783. Chérin.

Raoulx-Raoüsset (Avignon), 4 juin 1782. Chérin.
— comte de Bourbon ou Boulbon.

Rapin de Thoyras (Agen et Montauban), 24 juillet 1782, 20 août 1783,
12 octobre 1784. Chérin ; 9 août 1785. Berthier.
— baron de Mauvers.

Ravinel de Domjulien (Toul et Nancy), 6 mai 1783. Chérin.
— baron du saint-empire.

Raymond de Rivières (île Saint-Domingue), 6 juin 1783. Chérin.

Raymond de Saint-Amand (Lyon), 3 novembre 1781. Chérin.
— comte de Raymond, Sgr de las Bordes.

Raynal (Toulouse), 12 septembre 1782. Chérin.

Recourt du Sart (Reims), 30 août, 13 septembre 1783. Chériu.

Recourt de Cherel (Reims), 30 août 1783. Chérin.

Regnault de Taponnat (Angoulême), 10 mars 1784. Chérin.

Regnier (la Rochelle), 11 septembre 1782. Chérin.

Rely de Belleville (Lisieux), 16 juin 1785. Berthier.

Renault (Nancy et Metz), 30 juin, 5 juillet 1785. Berthier.

Retz de Bressoles (Mende), 28 août 1781. Chérin.

Reveau de Biard (la Rochelle), 11 septembre, 5 octobre 1782. Chérin.

Reverony (Lyon), 22 mai 1783. Chérin.

Reville (le Mans), 17 avril 1784. Chérin.

Rey de Baron (Vaison, comtat Venaissin), 25 octobre et 29 novembre
1783. Chérin.

Ribeyre de Nébouzat (Clermont-Ferrand), 4 décembre 1784. Chérin.

Richard de Beligny (Besançon), 5 juin 1782. Chérin.

Richeteau de la Coindrie (la Rochelle), 4 juillet 1783, 11 et 18 juin
1784. Chérin.

Ricouard d'Hérouville (Meaux), 27 novembre 1781. Chérin.
— comte d'Hérouville.

Rieu (du) de Meynadier (Agen), 6 février 1784. Chérin.

Rigaud de Marchet (Agen), 26 avril 1784. Chérin.

Rigoley d'Ogny (Paris), 29 novembre 1782. Chérin.
— baron d'Ogny.

Rioult d'Ouilly (Lizieux), 10 septembre 1781. Chérin.

Rioux de Messimy (Trévoux-Lyon), 8 avril 1785. Berthier.
— comte de Messimy.

Riverieulx de Varax (Lyon), 11 septembre 1781. Chérin.

Rivoire (la) de la Tourette (Tournon-Valence), 6 octobre 1781. Chérin.
— marquis de la Tourette, baron de Chalancon.
Robert d'Acqueria (Avignon), 15 mai 1784. Chérin.
— marquis d'Acqueria.
Robien de Treulan (Vannes), 18 juillet 1782. Chérin.
Robinault de Bois-Basset (Saint-Malo), 15 et 28 novembre 1783. Chérin.
Roche (la) de la Carelle ..... 24 février 1782. Chérin.
Roche (la) ..... 24 avril 1784. Chérin.
Roche (la) (Lisieux), 8 mai 1784. Chérin.
Rochemore (Nîmes), 22 mai 1782. Chérin.
— marquis de Rochemore-Saint-Cosme.
Rocher de Riveul (Saint-Brieuc), 28 juin 1785. Berthier.
Rocher (le Mans), 17 avril 1784. Chérin.
Rocher de Beauregard (Saint-Malo), 12 mars 1782. Chérin.
Roches (des) de Chassaye ..... 29 sept 1781 et 4 mars 1782. Chérin.
Rocques de Montgaillard (Toulouse), 5 janvier 1782, 28 janvier 1783. Chérin.
Rocquigny de Crasville (Rouen), 7 décembre 1781. Chérin.
Roger de Campagnolle (Angers), 3 août 1785. Berthier.
Roig (Perpignan), 17 juillet 1784. Chérin.
Ronade (Valence, Espagne), 14 août 1784. Chérin.
Roncherolles (Rouen), 11 juin 1784. Chérin.
— marquis de Roncherolles.
Ronssey de la Barbelinière ..... 25 février 1785. Chérin.
Roquard des d'Ange ..... 10 septembre 1781. Chérin.
Roque (la) du Bucheron (Clermont), 6 novembre 1782. Chérin.
Roque (la) du Pont (Vivarais, D. de Valence), 16 août 1781. Chérin.
— baron d'Eclassan et d'Ozon.
Roque (la) de Cahan (Bayeux), 7 septembre 1781. Chérin.
Roque (la) de Budos (Bordeaux), 2 mai 1782. Chérin.
— baron de Budos.
Roquefeuil (Saint-Flour), 27 mai 1784. Chérin.
Roquemaurel de Montégut ..... 6 mars 1782. Chérin.
Rosières d'Envesin (Nancy), 5 juillet 1784. Chérin.
Rosnay de Villers (Châlons-sur-Marne), 7 septembre 1781. Chérin.
Rosnay de Montain (Châlons-sur Marne), 8 février 1782. Chérin.
Rostaing de Champ-Ferrier (Valence), 26 avril 1781. Chérin.
Roton (Verdun), 9 août 1781. Chérin.
Rotours (Charles-Henri) ..... 1788. Chérin fils.
Rouge (le) de Kersenant (Tréguier), 6 août 1785. Berthier.
Rougeat des Plouviers (Amiens), 12 octobre 1784. Chérin.
Rouot de Flin (Nancy), 19 août 1782. Chérin.

Roussel (Paris), 23 novembre 1782. Chérin.

Rousselot-Hedival (Nancy), 27 novembre 1782. Chérin.
        — comte de Rousselot-Hédival.

Roux (le) de la Routière (Luçon), 18 novembre 1782. Chérin.

Roux de la Balisse (Limoges), 15 janvier 1782. Chérin.

Roux (le) du Fougerais ..... 19 mars 1785. Chérin.

Rouyn de Rogeville (Bar-le-Duc), 15 janvier 1785. Chérin.

Roy (le) de la Tour (Poitiers), 18 janvier 1783. Chérin.

Roy (le) de Bury ..... 6 juillet 1782. Chérin.

Royère de Peyraux (Périgueux), 18 juin 1784. Chérin.
        — marquis de Peyraux.

Rozey de Villard (Lisieux), 3 mai 1782 et 15 mai 1784. Chérin.

Ruel des Landais (Rouen), 17 octobre 1783. Chérin.

Ruellé du Guet (Bourges), 18 décembre 1784. Chérin.

Ruellé de la Chaume (Bourges), 30 avril 1785. Chérin.

Rutan de Saulxures (Nancy), 15 septembre 1784. Chérin.
        — comte de Rutan.


Sachy de Carouge et de Fourdrinoy (Amiens), 27 octobre 1781. Chérin.

Sade de Mazan (Paris), 31 mars 1783. Chérin.
        — marquis de Sade, comte de Mazan.

Sain de Bois-le-Comte (Tours), 28 mai 1783. Chérin.

Saint-Georges de Fraisse (Limoges), 10 octobre 1782. Chérin.

Saint-Germain de Houlme (Rennes), 11 septembre 1781. Chérin.

Saint-Giron (Clermont-Ferrand), 8 septembre 1781. Chérin.

Saint-Jean de Pointis (Comminges), 27 octobre 1784. Chérin.

Saint-Malon (Saint-Dominguc), 24 janvier 1784. Chérin.

Saisseval de Neuville (Amiens), 7 mai 1782. Chérin.

Salivet de Fouchecourt (Besançon), mai 1785. Chérin.

Salle (la) de Rochemore (Clermont-Ferrand), 17 août 1785. Berthier.

Sallemard de Montfort (Vienne), 11 mars 1785. Chérin.

Sallen de la Quièze (Bayeux), 21 juin 1783. Chérin.
        — baron de la Quièze.

Salperwick de Grigny (Boulogne), 3 mars 1785. Chérin.
        — marquis de Grigny.

Saluces (Poitiers), 29 septembre 1781. Chérin.

Sandré de Frianon ..... 18 septembre 1781. Chérin.

Sapinaud de Bois-Huguet (la Rochelle), 8 octobre 1783. Chérin.

Sapineau de Noues (la Rochelle), 8 mars 1783. Chérin.

Saporta de Montsallier ..... 14 juillet 1784. Chérin.

Sarron (Lyon), 3 août 1785. Chérin.
        — marquis de Sarron.

Sars de la Motte ..... 6 octobre 1784. Chérin.

Sault (du) de la Mirande (Saintes), 25 juin 1785. Chérin.

Scepeaux de Bois-Guignot (Angers), 2 juillet 1785. Berthier.
       — vicomte de Scepeaux.

Segur de Pitray ..... 19 juin 1784. Chérin.

Selle du Mesnil Saint-Denis (Paris), 16 avril 1785. Chérin.

Séneschal (le) de Carcado (île Saint-Domingue), 14 décembre 1784.
       Chérin.
       — vicomte Le Séneschal de Carcado.

Serreau de Courcillon ..... 23 mars 1785. Chérin.

Serrey de Chatoillenot (Langres), 24 novembre 1784. Chérin.

Severard de Segur ..... 8 mars 1783. Chérin.

Sevin de Segougnac (Agen), 31 octobre 1783. Chérin.

Sevin de Saint-Gerdaïs (le Mans), 30 juillet 1782. Chérin.

Seyturier de Serrière (Bourg-en-Bresse), 11 mars 1784. Chérin.
       — marquis de Seyturier.

Siffredy (Besançon), 17 novembre 1781. Chérin.

Signier d'Houry et de Marcy (Laon), 6 juillet 1782. Chérin.

Simon de Genestel (Coutances), 18 décembre 1784. Chérin.

Solier (Agde), 31 juillet 1784. Chérin.

Sollier d'Audonce ..... 23 mars 1785. Chérin.

Solminiac du Chaune ..... 5 mars 1784. Chérin.

Soualac de Fontalard (Clermont-Ferrand), 23 mars 1782. Chérin.

Sueur (le) des Fresnes (Bayeux), 29 janvier, 6 mars 1784. Chérin.

Sulleau ou Susleau ..... 20 janvier 1783. Chérin.

Suremain de Flamerans (Dijon), 23 juin 1784. Chérin.


Taffin de la Motte ..... 15 juillet 1782. Chérin.

Taffin de Brœucq ..... 17 mars 1782. Chérin.

Taffin du Hocquet ..... 26 mai 1783. Chérin.

Talour de la Villenière (Angers), 12 mars 1785. Chérin.

Tarade (Châlons-sur-Marne et Péronne), 5 mars 1782. Chérin.

Tardif de Vauclair (Coutances), 19 mars 1784. Chérin.

Tauzia de Montbrun (Agen), 11 août 1785. Chérin.

Tavau de Mortemer (Poitiers), 23 juillet 1781. Chérin.

Tellier (le) de Montaure (Coutances), 21 juillet 1784. Chérin.

Ternisien d'Ouville ..... 9 juillet 1784. Chérin.

Testar Campagne et de la Neuville (Amiens), 15 mars 1782. Chérin.

Thiballier (Nancy), 7 novembre 1782. Chérin.

Thibault d'Alliret (Poitiers), 2 août 1783. Chérin.

Thibault de Montbois ..... 28 juillet 1785. Chérin.

Thiboust de Fleury ..... 23 août 1782. Chérin.

Thieffry de Layens (Cambrai), 20 juillet 1782, 4 juillet 1783. Chérin.

Thomas de Bardines (Limoges), 28 avril 1784. Chérin.

Thomassin d'Hennamenil (Nancy), 15 mai 1784. Chérin.

Tillet (du) de Montramé (Paris), 17 juillet 1781. Chérin.
— marquis du Tillet, vicomte de la Malmaison.

Tillette de Buigny (Amiens), 20 décembre 1782. Chérin.

Tisseuil d'Anvaux (Limoges), 5 avril, 12 juin 1782. Chérin.

Tolmer ou Thollemer de la Fortière (Lisieux), 11 janvier 1783. Chérin.

Touche (la) de Saint-Ustre (Poitiers), 22 mai 1783. Chérin.

Touchet de Benauville (Bayeux), 28 décembre 1782 et 17 juillet 1784.
Chérin.

Tour (la) de Varran (Lyon), 12 octobre 1782. Chérin.

Tournelly des Aulnais (le Mans), 6 décembre 1782, 14 février 1784.
Chérin.

Tournemire (Clermont-Ferrand) ..... 1788. Chérin fils.

Tourtoulon de la Salle (Montpellier), 19 janvier 1782. Chérin.
— baron de la Salle.

Toustain de Brandevillier ..... 8 juin 1782. Chérin.

Tranchant de Laverne (Besançon), 5 octobre 1782. Chérin.
— comte de Laverne.

Tredern (Saint-Pol-de-Léon), 2 septembre 1784. Chérin.
— comte de Tredern.

Trémignon (Saint-Malo), 9 août 1785. Berthier.

Trémolet de la Chesserie ..... 19 mars et 27 mai 1784. Chérin.

Tremuéjouls du Clayla (Rodez), 20 juillet 1785. Berthier.

Treyver (Lyon), 5 novembre 1783. Chérin.

Truchier de Champié (Orange), 1er mai 1784. Chérin.

Tusseau de Maison-Tiers (Poitiers), 24 mai 1784. Chérin.


Ulmes (des) de Montissault (Nevers), 18 octobre 1782. Chérin.

Urre de Sanches et de la Capelle (Rodez), 20 janvier 1783. Chérin.
— baron de la Capelle.

Urvoy de Closmadena ou Closmadeuc (Saint-Brieuc), 9 févier 1784.
Chérin.


Vaillant (le) des Marets (Rouen), 21 avril 1784. Chérin.

Val (du) de Bonneval (Rouen), 23 mars 1785. Chérin.

Valentin de Vrimeuil ..... 12 août 1785. Berthier.

Vallée de Pimodan (Paris), 26 août 1784. Chérin.
— marquis de Pimodan, baron d'Eschenets.

Vallée de Housseville (Toul), 26 juillet 1782. Chérin.

Vallière (Paris), 12 septembre 1782. Chérin.
  — marquis de Vallière.

Vallin de Chateauvillain (Lyon), 4 janvier 1783. Chérin.
  — comte de Vallin.

Valon du Bucheron d'Ambrugeac (Paris), 5 octobre 1784. Chérin.
  — comte d'Ambrugeac.

Varoquier de Méricourt (Vabres), 18 septembre 1781. Chérin.

Vassal de la Garde (Cahors), 30 avril 1785. Chérin.

Vasseur (le) d'Hierville et de Cérizy (Coutances), 27 décembre 1782. Chérin.

Vassoigne de Beauchamp (Angoulême) 7 août 1784. Chérin.

Vauborel de Bois-Ferrand (Avranches), 16 juin 1785. Chérin.

Vaudrets d'Aliquerville (Rouen), 21 janvier 1783. Chérin.

Vaudricourt d'Allenay (Rouen), 14 février 1783. Chérin.

Vaultier de Moyencourt (Amiens), 14 août 1784. Chérin.
  — comte de Moyencourt.

Vaultier de Moyencourt (Guadeloupe), 16 et 23 juillet 1785. Berthier.

Vaultier d'Anfreville (Bayeux), 18 juin 1784. Chérin.

Vaumesle d'Enneval (Séez), 29 janvier 1785. Chérin.

Vaux de Dolignon (Metz), 11 mars 1782. Chérin.

Vellain de la Palaisière (Lisieux), 31 janvier 1782. Chérin.

Vendes (Bayeux), 7 mai 1782. Chérin.

Venois d'Hattentot (Rouen), 13 août 1782. Chérin; 30 juin 1785. Berthier.

Verdonnet ..... 26 mars 1785. Chérin.

Vergier (du) de Kerhorlay (Quimper), 28 avril 1785. Chérin.

Vergne (la) de Cerval (Sarlat), 16 novembre 1784. Chérin.

Verine de Saint-Martin le Man (Limoges), 18 octobre 1784. Chérin.

Vicose de la Cour Saint-Pierre (Agen), 14 janvier 1783. Chérin.
  — baron de la Cour Saint-Pierre.

Vieuville de Saint-Chamond (Paris), 6 mai 1782. Chérin.
  — comte de Vienne, marquis de Saint-Chamond, comte de Conflans et de Miolans, baron de Villatte.

Vigier de la Vergne (Troyes), 28 juin 1782. Chérin.

Vigny du Tronchet (Chartres), 24 décembre 1783. Chérin.

Villéon (la) des Marais (Mantes), 30 juillet 1784. Chérin.

Villéon (la) (Saint-Brieuc), 13 octobre 1781 et 27 mars 1784. Chérin.

Villeneuve de La Châtre (Saint-Pons de Thomières), 5 mars 1785. Chérin.
  — baron d'Auterive, marquis de Villeneuve.

Villeneuve d'Auterive (Saint-Pons de Thomières), 1er décembre 1781. Chérin.
  — baron d'Auterive.

Villereau ..... 16 mars 1782 et 20 février 1784. Chérin.
Villers-au-Tertre (Cambray), 29 juillet 1782. Chérin.
Villete ..... 1er mai 1782. Chérin.
Violet de Myard et de La Faye (Autun) ..... juin 1785. Berthier.
Voisins de Brugairolles (Narbonne), 9 août 1783, 1er mars 1785. Chérin.
Voisins d'Alzau (Carcassonne), 6 février 1782. Chérin.
    — marquis d'Alzau, baron de Voisins.

Waren (Livourne-Italie), 19 mars et 23 mai 1783. Chérin.
Warenghien de Flory (Arras), 26 avril 1783. Chérin.
Wavrans de Boursin (Paris), 19 février 1785. Chérin.
    — marquis de Boursin.
Wicquet de Rodelinghen (Boulogne-sur-Mer), 19 juillet 1781. Chérin.

Yvicquel de Leschy ..... 2 juillet 1785. Berthier.

Paris. — Imprimerie de Dubuisson et Cie, rue Coq-Héron, 5.

www.ingramcontent.com/pod-product-compliance
Ingram Content Group UK Ltd.
Pitfield, Milton Keynes, MK11 3LW, UK
UKHW020100100726
13658UKWH00004B/1870